Buch & Spiel

Jonglieren lernen

W0402366

Buch & Spiel

Jonglieren lernen

STUART ASHMAN

Parragon

Bath • New York • Singapore • Hong Kong • Cologne • Delhi
Melbourne • Amsterdam • Johannesburg • Auckland • Shenzhen

Über den Autor

Stuart Ashman erlebte Ende der 1970-er Jahre jonglierende Straßenkünstler in San Francisco und wurde dadurch animiert, es selbst zu probieren. Später stand er beim Komikerduo „The Norfolk Mountain Rescue A Team" und als Soloartist auf internationalen Bühnen. Er organisierte das zweite britische Jongliertreffen und ist Herausgeber von „The Catch", der britischen Zeitschrift für Jonglieren, Neuen Zirkus und Straßentheater. Von seinem Heimatdorf in Chew Valley bei Bath (England) aus bereist er bis heute die Welt, um seine Künste einem großen Publikum vorzuführen.

Copyright © für die Originalausgabe
Parragon Books Ltd
Queen Street House
4 Queen Street
Bath BA1 1HE
Großbritannien

Design und Realisation: Stonecastle Graphics Ltd
Umschlaggestaltung: Design Principals
Redaktionelle Beratung: Steve Henwood
Redaktion: Philip de Ste. Croix
Fotografie: Pinpoint
Modelle: Lisa Ashman, Stuart Ashman, Richard Dwyer

Copyright © fur die deutsche Ausgabe

Parragon Books Ltd

Übersetzung und Realisation: Brightlines Translation Limited

Alle Rechte vorbehalten. Die vollständige oder auszugsweise Speicherung, Vervielfältigung oder Übertragung dieses Werkes, ob elektronisch, mechanisch, durch Fotokopie oder Aufzeichnung ist ohne vorherige Genehmigung des Rechteinhabers urheberrechtlich untersagt

ISBN: 978-1-4454-3909-9

Printed in China

Inhalt

EINFÜHRUNG

JONGLIEREN IST keine schnelllebige Modeerscheinung. Schon auf alt-ägyptischen Wandfriesen von 2000 v. Chr. sind Jongleure abgebildet. Jonglierkünstler unterhielten das Publikum auf den großen Volksfesten im Mittelalter, und lange davor schon gehörte die Akrobatik mit Gegenständen zu den Vorführungen von Magiern und Gauklern. In der jüngeren Vergangenheit traten Jongleure für hohe Gagen in Varietés und Theatern auf; viele wurden Komikerstars im Film. Heute sind sie wieder da – im Straßenzirkus, auf den Varieté- und Kleinkunstbühnen des 21. Jahrhunderts.

Heutzutage kann man überall Jongleure sehen: am Strand, im Park oder an Straßenecken. Die Jonglierkunst ist kein streng gehütetes Geheimnis mehr, das nur in Zirkusfamilien oder vom Lehrer an den Schüler weitergegeben wird. Du kannst es leicht von anderen Jongleuren lernen und wirst auch animiert, dies zu tun. Dieses Buch verfolgt das gleiche Ziel.

Übrigens ist Jonglieren außerordentlich gut für deine Koordinationsfähigkeit, denn es stellt eine Balance zwischen der linken und rechten Gehirnhälfte her. Und was noch besser ist – es macht riesigen Spaß! Spaß allein, und Spaß mit anderen zusammen. Du kannst dein Publikum mit Vorführungen beeindrucken, mit denen auch die Artisten im alten Ägypten und auf den Basaren von Bagdad Bewunderung geerntet haben. Mit anderen Jongleuren kannst du Tricks austauschen und noch weitaus komplexere Jongliertechniken ausarbeiten.

Es ist mehr nicht in diesem Buch, als darin ist. Aber jetzt fange ich wohl an, mit Worten zu jonglieren, und du hast gerade drei Bälle zum Jonglieren bekommen. Also legen wir los!

DIE GRUNDLAGEN

Los geht's

WILLKOMMEN in deinem Jonglierbuch. Es ist kein Buch, das jongliert, sondern ein Buch, mit dem du lernst zu jonglieren. Es ist auch nicht gerade ein Buch, mit dem man jongliert, aber am Ende wirst du sogar das können, wenn es dir Spaß macht!

Jonglieren kann man leicht lernen. Manche Leute schaffen es in einer halben Stunde – aber die meisten brauchen ein bisschen länger. Mach dir also keine Sorgen, wenn du nicht ganz so schnell bist. Üben ist das Wichtigste. Du musst dir neue Fähigkeiten aneignen, so wie du lernst Fahrrad zu fahren, und Wiederholung ist die einzig wirksame Art, dies zu tun.

Dieses Buch stellt dir auf jeder Doppelseite eine neue Technik vor (mit ein paar Ausnahmen, die du später entdecken wirst). Beim Durcharbeiten des ersten Teils und dem meisten des zweiten Teils ist es wichtig, dass du die auf einer Seite beschriebene Abfolge beherrschst, bevor du zur nächsten übergehst, denn sie bauen aufeinander auf.

Geduld!

Zu diesem Buch gehört ein Satz Bälle, mit denen man ideal lernen kann – aber eigentlich kannst du mit allen möglichen Arten von Bällen jonglieren – vom Tischtennisball bis zur Kanonenkugel! Bestimmt bittet dich jemand, dein Können mit Tennisbällen zu demonstrieren, aber probiere das am besten erst, wenn du die Grundlagen beherrschst. Tennisbälle sind sehr leicht und hüpfen dir wegen ihrer hohen Sprungkraft schnell aus der Hand, bevor du sie auffangen kannst.

Das wäre kein guter Anfang. Das hier schon:

Die Körperhaltung und der Jonglierraum

DIE RICHTIGE Körperhaltung ist sehr wichtig für die perfekte Ausführung einer Technik. Wenn du in dieser Phase die korrekte Haltung lernst und anwendest, wirst du später keine Probleme haben.

1 Stell dich bequem hin: die Beine sind etwa schulterbreit auseinander und entspannt, die Knie leicht gebeugt.
2 Deine Hände hältst du auf Hüfthöhe mit den Handflächen nach oben neben dem Körper.
3 Die Schultern sind locker.
4 Die Augen blicken geradeaus auf einen Punkt etwas über Stirnhöhe.

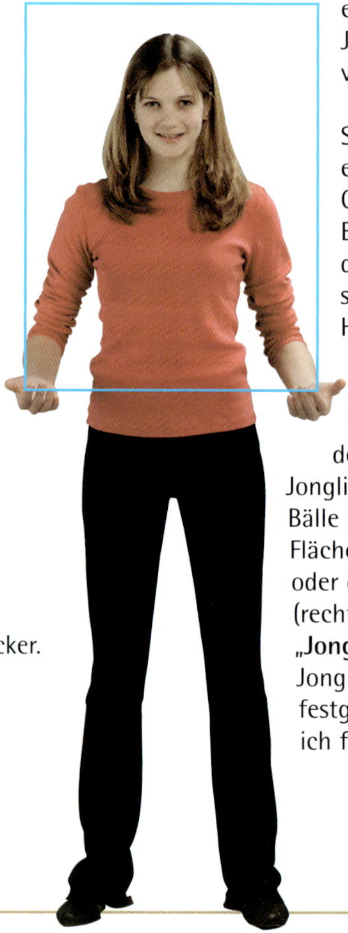

An dieser Stelle möchte ich dir ein wichtiges Jongliergeheimnis verraten:

Stell dir genau vor dir eine unsichtbare Glasscheibe oder einen Bilderrahmen vor. An den unteren Ecken sind deine beiden Hände, die obere Kante ist eine Linie etwas über deinem Kopf (siehe Foto links). Bei den einfachen Jonglierfiguren müssen alle Bälle innerhalb dieser Fläche (der Glasscheibe oder des Rahmens) bleiben (rechts). Ich nenne das den **„Jonglierraum"**. Unter Jongleuren ist das kein festgelegter Begriff, aber ich finde ihn praktisch.

PHASE 1

DIE KASKADE

Ein Ball

NIMM EINEN Ball in deine stärkere Hand (die Hand, mit der du schreibst oder Werkzeuge benutzt) mit der Handfläche nach oben, und wirf ihn in die andere Hand (Bild rechts). Ja, ich weiß, das ist leicht - aber nimm dir Zeit, den Bogen zu beobachten, den der Ball auf seinem Weg auf der unsichtbaren Glasscheibe ausführt, von der ich auf der vorigen Seite gesprochen habe.

Wichtige Regel Nr. 1: Beim Jonglieren geht es um akkurates Werfen, nicht nur ums Fangen.

Versuch, den Wurf mit einem Ball so akkurat auszuführen – der höchste Punkt seiner Flugbahn etwas über Kopfhöhe – dass du nicht

deine andere Hand bewegen musst, um ihn aufzufangen. In dieser Phase hältst du zum Fangen und Werfen deine Hände in Hüfthöhe mit den Handflächen nach oben (oben).

Wiederhole diesen Wurf nun mit der anderen Hand. Wenn dies deine schwächere Hand ist, konzentriere dich darauf, einen akkuraten Bogen zu werfen. Deine Fanghand sollte sich nicht bewegen, um den Ball zu fangen.

Ja, ich weiß, dass dir das langweilig vorkommt! Aber diese Übung ist die Grundlage für alle Techniken und verhindert Probleme später. Wirklich - nimm dir Zeit dafür.

Zwei Bälle

NIMM EINEN Ball in jede Hand, Handflächen nach oben. Du bist ganz entspannt und atmest ruhig ein und aus. Jetzt wirfst du wie zuvor einen Ball von einer Hand in die andere. Genau am höchsten Punkt des Bogens, den du schon geübt hast (unten), wirfst du den zweiten Ball in die andere Hand (unten rechts). *Warte noch*, bevor du das versuchst.

Wichtige Regel Nr. 2:
Der zweite Ball wird hoch und zur anderen Hand hinüber geworfen.

Einige (und du wirst wissen, ob du gemeint bist) werden versuchen, den zweiten Ball direkt in die andere Hand zu übergeben, ohne ihn nach oben zu werfen. In dieser Phase sollen die Bälle aus beiden Händen aber immer *nach oben* geworfen werden.

1 Die Flugbahnen sollen gleich sein. Wenn sie verschieden hoch sind, muss sich eine Hand beeilen, um den Ball zu fangen.
2 Mach nach zwei Würfen mal eine Pause. Diese Bewegung kontinuierlich durchzuhalten, ist sehr schwer. Das wollen wir später üben.
3 Zähle laut mit, wenn die Bälle den höchsten Punkt des Bogens erreichen: „Eins... zwei..." Vielleicht kommt dir das komisch vor, aber auf diese Weise gibt dein Gehirn den Händen ein Signal, wann der richtige Zeitpunkt zum Werfen ist!

Diese Phase solltest du üben, bis deine Würfe wirklich gut sind. Geh erst weiter zur nächsten Seite, wenn du es kannst. Glaub mir, das Geheimnis ist: üben, üben und üben!

Wenn du richtig mit zwei Bällen arbeiten kannst, hast du die schwierigste Phase schon geschafft und bist bereits ein halber Jongleur.

Drei Bälle

WENN DU noch nicht zwei Bälle akkurat und gleichmäßig werfen *kannst*, ohne sie fallen zu lassen, dann geh noch einmal eine Seite zurück und übe, übe... und übe. Wenn du es kannst – schön, dass du noch dabei bist!

Nimm den dritten Ball in deine starke Hand. In dieser Hand hältst du jetzt zwei Bälle (unten).

Wichtige Regel Nr. 3:
Keine Panik!

Das ist alles: Erinnere dich an deine Haltung, den Jonglierraum und die imaginäre Glasscheibe.

1 Wirf zuerst aus der Hand mit den zwei Bällen den Ball, der weiter von deinem Körper entfernt ist.
2 Wenn der erste Ball den höchsten Punkt seiner Flugbahn erreicht hat (unten), wirf den Ball aus der anderen Hand – wie bei der Zweiballjonglage.

Durcheinander? Denk nur daran, dass mit jedem Wurf eine Hand frei gemacht wird, damit sie den nächsten Ball auffangen kann! Fühlst du dich schon sicher darin? Versuch jetzt einmal, einen Extrawurf einzubauen. Der vierte Wurf bringt zwei Bälle zurück in die Ausgangshand. Warum jetzt aufhören? Zähle, wie viele Würfe du ausführen kannst, und versuch immer, deinen persönlichen Rekord zu überbieten. Vielleicht wirst du auch an einer Stelle überhaupt nicht weiter kommen. Das passiert uns allen. Aber nach 30 Würfen kannst du sagen, dass du wirklich jonglierst, denn bestimmt hast du inzwischen ein paar Fehler gemacht und sie korrigiert! Jetzt ist es an der Zeit, ein paar Tricks zu lernen!

3 Wenn Ball Nr. 2 den höchsten Punkt seiner Flugbahn erreicht hat (Foto ganz oben), wirfst du den dritten Ball herüber (oben) und fängst ihn mit der Hand auf, die Ball Nr. 1 hält. Wenn du alle drei aufgefangen hast – herzlichen Glückwunsch! Jetzt kannst du Jonglieren!

Warum kann ich nicht…?

AUF DIESER Doppelseite sehen wir uns einige häufige Jonglierprobleme an. Komisch, aber wahr: Nicht jeder kann beim ersten Versuch gleich jonglieren! Wenn du aber mindestens eine halbe Stunde vergebens versucht hast, den dritten Ball einzubauen, gibt es nur wenige Gründe, warum es nicht klappt.

1 Ich habe keine Zeit, den dritten Ball zu werfen.
Manchmal wird es vorkommen, dass der zweite Ball von der Hand gefangen wird, die noch den dritten Ball hält. Du hast viel Neues gelernt. In dieser Phase braucht das Gehirn ein bisschen Hilfe, um alles zu verarbeiten!
Lösung: Wenn du jedes Mal laut zählst, wenn der Ball den höchsten Punkt seiner Flugbahn erreicht, gibt das deiner Hand das Signal, den Ball im richtigen Moment abzuwerfen. Ich weiß nicht warum, aber es funktioniert. Du musst aber *laut zählen.*

2 Ich übergebe den zweiten Ball einfach an meine andere Hand, anstatt ihn nach oben zu werfen (unten)**!**
Selbst nach einiger Übung mit zwei Bällen tritt bei der Konfrontation

mit drei Bällen der alte „Schulhofwurf" auf, wie ich ihn nenne.
Lösung: Nimm die zwei Bälle (aus der Hand, mit der du geworfen hast) jetzt einmal in deine andere Hand. Wahrscheinlich beginnst du mit deiner starken Hand, aber die schwächere ist meist empfänglicher für neue Bewegungen!

3 Einige Bälle fallen mir einfach herunter.
Vielleicht versuchst du unbewusst, einen Wurf zu früh aufzufangen, indem du entweder danach greifst (mit der Handfläche nach unten) oder den Ball schon zu weit oben auffangen willst (unten links und rechts).
Lösung: Warte, bis der Ball etwa in Hüfthöhe ist und fang ihn mit der Handfläche nach oben auf.

Warum kann ich nicht...?

WEITERE TIPPS aus der Jonglier-Trickkiste.

4 Ich muss im Zimmer umherlaufen, damit ich einige Wurffolgen hintereinander schaffe (unten)**!**
Joggen ist gut für die Fitness, aber das so genannte „Joggliere" kann für Anfänger sehr frustrierend sein.
Lösung: Erinnere dich an das Bild von der Glasscheibe (siehe Seiten 10-11). Wenn du einen Ball vor oder hinter die richtige Fläche wirfst, wird der nächste Wurf noch schlechter sein. Wenn die Würfe vom Körper weg gerichtet sind, musst du immer weiter nach vorn kommen – ein Teufelskreis! Übe noch einmal mit zwei Bällen und konzentriere dich wirklich darauf, akkurat zu werfen. Wenn du vor einer Wand übst, gewöhnst du dir das Jogglieren schnell ab. Dann tut es nämlich weh!

5. Die Bälle prallen in der Luft zusammen und ich stehe mit leeren Händen da!
Das Herz beginnt zu rasen und die Hände schwitzen, wenn man zum ersten Mal mit drei Bällen jongliert. Vielleicht ist das zu schnelle Werfen eine Reaktion des Gehirns auf diese Anspannung.
Lösung: Wie bei Problem 1: Atme ruhig und zähle laut mit, wenn die Bälle den höchsten Punkt ihrer Flugbahn erreichen, damit sich ein gleichmäßiger, ruhiger Jonglierrhythmus einstellt.

6 Ich kann mir die Bewegungsfolge der Dreiballjonglage einfach nicht merken!
Lösung: Wirf alle Bälle in der richtigen Reihenfolge (rechts), und fang sie einfach mal nicht auf (unten). Wenn du richtig geworfen hast, bleiben zwei Bälle links von dir liegen (wenn du mit deiner rechten Hand begonnen hast) und einer rechts (Foto unten rechts).

Phase 2

DIE WELT DER DREIBALLJONGLAGE

Auf dem Weg zum Jonglierkünstler

WAS DU gerade gelernt hast, nennt man in der Jongliersprache „die Kaskade“. Sie ist die Basis für alle anderen Tricks.

Zwar bauen einige der später erklärten Techniken auf den vorhergehenden auf, aber eigentlich kann dich nichts davon abhalten, zwei oder drei verschiedene Tricks auf einmal auszuprobieren. Tatsächlich macht es so viel mehr Spaß. Sei dir manchmal selbst ein wenig voraus, besonders, wenn du eine Technik schon fast beherrschst. Wandle deine Übungen ab, indem du andere Bewegungen einfügst. Dabei baust du ganz automatisch Trickfolgen auf, die gut zusammenpassen.

Deine Jonglierbälle sollten stets in Reichweite sein, damit du sie immer zur Hand hast, wenn dich die Lust packt. Vier Minuten spontaner Spaß bringen manchmal mehr als eine geplante Übungsstunde. Auch Jonglieren mit Musikbegleitung ist fantastisch.

Die Bewegungsabfolgen scheinen dann geradezu aus dem Rhythmus heraus zu fließen.

EXPERTENTIPP

Das laute Zählen habe ich bereits erwähnt. Zähle jedes Mal, wenn der Ball den höchsten Punkt des Bogens erreicht. Es klingt vielleicht blöd, aber es hilft dir wirklich beim Üben, für einen gleichmäßigen Rhythmus und eine gute Konzentration.

Noch etwas. Es ist immer wichtig, alle Bewegungen *mit beiden Händen* zu beherrschen. Auf diese Weise kannst du viel mehr eindrucksvolle Tricks ausführen und das Beste aus jeder neu gelernten Technik machen. Gewöhnlich ist aber eine Hand geschickter als die andere. In diesem Buch spreche ich deshalb von der starken und der schwachen Hand. Kommen wir kurz auf unseren Jonglierraum zurück: Stell dir vor, die Glasscheibe ist längs in der Mitte geteilt. Die Trennlinie entspricht der mittleren Achse deines Körpers (Foto ganz unten rechts). Alle Bewegungen der einen Seite sollen genau spiegelverkehrt auf der anderen Seite erfolgen.

Der hohe Wurf

BEI DER Dreiballjonglage versucht man oft, die Figur zu beschleunigen oder zu verlangsamen. Das geschieht, indem die Höhe der Würfe verändert wird. Gleich hohe Würfe mit allen drei Bällen ergeben eine langsame Figur; bei niedrigen Würfen musst du schneller jonglieren.

Alles verstanden? Dann bist du bereit für deinen ersten Trick. Wenn man einen neuen Trick ausprobiert, teilt man ihn am besten in einfache Abschnitte auf:

1. Wirf einen Ball hoch in die Luft (rechts) und übe, ihn mit rechts oder links zu fangen.
2. Jetzt hältst du einen Ball in der Fanghand, wirfst ihn hoch, bevor du den hohen Wurf auffängst, und dann wirfst du ihn im normalen Bogen in die andere Hand.
3. Wiederhole Schritt 2, dieses Mal mit der anderen Hand.
4. Versuche nun den Trick, während du normal jonglierst.

EXPERTENTIPP

Halte die anderen zwei Bälle für einen Moment fest, während der hohe Wurf in der Luft ist. Dadurch fehlen im Rhythmus der Figur ein oder zwei Zählzeiten oder Takte. In der entstandenen Pause kannst du schwierigere Tricks ausführen, die du später lernen wirst.

Die ersten Tricks

WENN DU den hohen Wurf in die Luft bringst – egal, ob nur ein bisschen höher als deine normale Figur im Jonglierraum oder ob du so hoch wie nur möglich wirfst, und dabei trotzdem noch fangen kannst – hast du plötzlich mehr Zeit! Zeit, in der du verrückte Sachen anstellen kannst, die dein Publikum überraschen. So fängst du an, Tricks auszuführen, mit denen du und deine Zuschauer ihre wahre Freude haben werden.

Was kannst du mit dieser kurzen zusätzlichen Zeit anfangen? Hier sind einige Vorschläge. Ich bin sicher, dir fallen selbst ein paar tolle Ideen ein.

1 Tausche die anderen zwei Bälle aus.
2 Schlag beide Bälle zusammen (rechts), oder klatsche in die Hände (schwieriger).
3 Pirouette – dreh dich ganz schnell rechts herum.
4 Mach einen Purzelbaum (wenn du sportlich bist).
5 Sing ein kleines Lied (ob du musikalisch bist oder nicht).
6 Du kannst einem Zuschauer den Hut, sein Glas oder sein Eis wegschnappen (etwas für Freche).

Überwurf

JETZT KOMMT dein erster richtiger Trick. Bisher verliefen alle Würfe unterhalb der Flugbahn des fallenden Balles, innerhalb der Figur. Versuch jetzt einmal, den Ball *außerhalb* der Figur in die andere Hand zu werfen: Der Ball scheint über die Jonglierfigur zu fliegen.

Die meisten Jongliertricks lernen sich am einfachsten, wenn man sie zunächst in eine Übungsfolge für zwei Bälle aufteilt und diese dann auf drei Bälle ausweitet.

1 Mit einem Ball in jeder Hand wirfst du einen normalen Bogen mit deiner schwachen Hand. Wenn der Ball am höchsten Punkt angekommen ist, wirfst du einen Ball mit der starken Hand über den Bogen des ersten Balls (Fotos rechts). Der zweite Wurf braucht länger, um die andere Hand zu erreichen.

2 Jetzt kannst du es mit drei Bällen versuchen (Seite 29). Am Anfang ist die Umstellung auf den äußeren Bogen ungewohnt. Wenn du Phase 1 ausgiebig geübt hast, wird es dir bald nicht mehr schwer fallen.

Jeder neue Trick sollte mit beiden Händen geübt werden. Versuche, ihn mit deiner schwachen Hand genauso gut zu beherrschen wie mit der stärkeren Hand. Wenn man den gleichen Trick mit beiden Händen ausführt, hat man eine *umgekehrte oder Rückwärtskaskade* – und das ist sehr beeindruckend. Oder versuch einmal, den Überwurf sofort mit einem gleichen Rückwurf in die Ausgangshand zurückzugeben. Wenn du das eine Weile schaffst, sieht es großartig aus, besonders, wenn du einen andersfarbigen Ball verwendest! Er scheint wie beim Tennisspielen rückwärts und vorwärts über die anderen zwei Bälle zu springen.

Unter dem Bein

BIS JETZT habe ich immer das Bild von der „Glasscheibe" benutzt (siehe Seiten 10-11) und betont, wie wichtig es ist, immer innerhalb einer Fläche zu jonglieren. Jetzt sollst du das vergessen! Bestimmt möchtest du einmal den Wurf *unter dem Bein* versuchen! Und der geht so:

1 Nimm einen Ball in deine starke Hand, wirf ihn unter dem Bein der gleichen Seite hindurch und zur anderen Hand herüber. Am einfachsten ist es, das Bein anzuheben, etwas anzuwinkeln und den Ball unter dem Knie hindurch zu werfen (rechts).

2 Wiederhole Phase 1 jetzt mit zwei Bällen. Dabei ist der zweite Wurf ein normaler Kaskadenwurf zur anderen Hand, die jetzt wieder vor dem Körper ist. Fang ihn!

3 Versuch zuerst, den normalen Bogen zu werfen und dann den Wurf unter dem Bein (Seite 31, oben links).

4 Und jetzt mit drei Bällen! Wenn du den Trick mit deiner schwachen Hand ausführst, sollte der Wurf davor ein wenig höher sein. Das gibt dir wertvolle Extrazeit, um mit deiner Hand unter dem Bein hervor zu reichen (ganz rechts), den Ball akkurat abzuwerfen und dann wieder zurück nach vorne zu kommen.

EXPERTENTIPP

Denk daran, laut zu zählen: „Eins" wenn der erste höhere Ball den höchsten Punkt erreicht, „zwei" wenn du unter dem Bein hindurch wirfst, und „drei" wenn du wieder zur Kaskade zurückkehrst.

Versuch es wie immer auch mit dem anderen Bein, dann mit beiden: rechts/links, rechts/links. Und vielleicht kannst du auch einmal unter dem Bein der anderen Seite hervorwerfen, d. h. mit der rechten Hand unter dem linken Bein und umgekehrt.

Hinter dem Rücken

DIESER TRICK funktioniert ungefähr nach dem gleichen Prinzip, das Du gerade für den *Wurf unter dem Bein* gelernt hast.

1 Nimm einen Ball in Deine starke Hand, führ sie in einem schönen Bogen hinter Deinen Rücken und wirf den Ball ab, wenn Du an der unteren Kante des gegenüberliegenden Schulterblattes ankommst. (Wenn Du mit rechts wirfst, wirfst Du ihn hinter Deinem linken Schulterblatt ab.) Der Ball fliegt nach oben und scheint über Deine Schulter zu springen (unten links) und dann in die wartende Handfläche der anderen Hand zu fallen.

2 Wenn Du mit zwei Bällen übst (einen in jeder Hand), warte, bis der Ball über Deiner Schulter den höchsten Punkt erreicht hat (Seite 32, unten rechts), bevor Du den zweiten Ball mit der schwachen Hand in einem normalen Wurf zu Deiner starken Hand abwirfst.

3 Zur Abwechslung kannst Du versuchen, den Trickwurf als zweiten Wurf einer Folge zu werfen.

Wie immer solltest Du den Trick mit beiden Händen beherrschen, damit Du fortlaufende Würfe mit beiden Händen ausführen kannst! Jonglieren, ohne dass Du Deine Hände sehen kannst (unten): ziemlich beeindruckend!

EXPERTENTIPP

Am besten gelingt der Trick, wenn die Schulter, über die Du wirfst, locker und etwas gesenkt ist.

Zwei Bälle in einer Hand

JONGLIEREN KANN man so definieren: *mehr Bälle zu bewegen, als man Hände benutzt.* Wenn man also zwei Bälle in einer Hand bewegt, ist das eindeutig Jonglieren.

1 Jetzt hältst Du zwei Bälle in Deiner stärkeren Hand. Wie bei der *Dreiballkaskade* wird der Ball, der am weitesten von Deinem Körper entfernt ist, in dieser Figur zuerst geworfen.

2 Wirf den Ball senkrecht nach oben von der Mittelachse Deines Körpers weg und ein wenig höher als beim normalen Kaskadenbogen. Wenn der Ball am höchsten Punkt ist, wirfst Du den zweiten Ball in der gleichen Flugbahn (unten links).

3 Dann bewegst Du Deine Hand etwas herüber (unten), um erst den ersten und dann den zweiten Ball aufzufangen.

EXPERTENTIPP

Hier kommt wieder die imaginäre Glasscheibe ins Spiel: Die Bälle bewegen sich kreisförmig in dieser Fläche (bei der rechten Hand im Uhrzeigersinn, bei der linken Hand entgegen dem Uhrzeigersinn). Warum, wirst Du später herausfinden! Deine Hand macht nur seitliche Bewegungen zum Werfen und Fangen. Probier die gleiche Figur jetzt mit Deiner schwachen Hand.

Eine andere Art, zwei Bälle in einer Hand zu jonglieren, ist der *Säulenwurf.* Die Bälle fliegen senkrecht nach oben und fallen in der gleichen Bahn wieder zurück. Das nennt man eine Säule (rechts). Den zweiten Ball wirft man ab, wenn der erste Ball seinen höchsten Punkt erreicht. Die Wurfhand bewegt sich nur seitwärts von einem Ball zum anderen.

Tricks mit zwei in einer Hand

WÄHREND DU mit zwei Bällen in Deiner starken Hand jonglierst, wie wir es gerade gelernt haben, kann die andere Hand den dritten Ball gleichzeitig mit einem der anderen Bälle einfach senkrecht nach oben werfen, oder Du kannst diesen Trick vortäuschen, indem Du Deine Hand mit dem Ball darin einfach nach oben und unten bewegst!

Die beste Wirkung erzielst Du dabei, wenn Du die Hand mit dem dritten Ball aufrecht und mit der Handfläche zum Publikum hältst. Üb das mit beiden Händen! Wenn Du das Säulenwerfen in einer Hand beherrschst, kannst Du auch die Tricks beidhändig machen.

„Einen hoch, zwei hoch"

1 In einer Dreiballjonglage wirfst Du einen Ball in der Mitte der Kaskade wie beim hohen Wurf nach oben (Foto unten).
2 Wenn der Ball den höchsten Punkt seiner Flugbahn erreicht, werden die anderen zwei Bälle aus beiden

Händen gleichzeitig in senkrechten Säulen geworfen (unten), dann landen sie schließlich wieder in den gleichen Händen.

3 Wie beim hohen Wurf kannst Du Dir aussuchen, mit welcher Hand Du den mittleren Ball auffängst. Wirkungsvoll ist es, die Fanghände abzuwechseln.

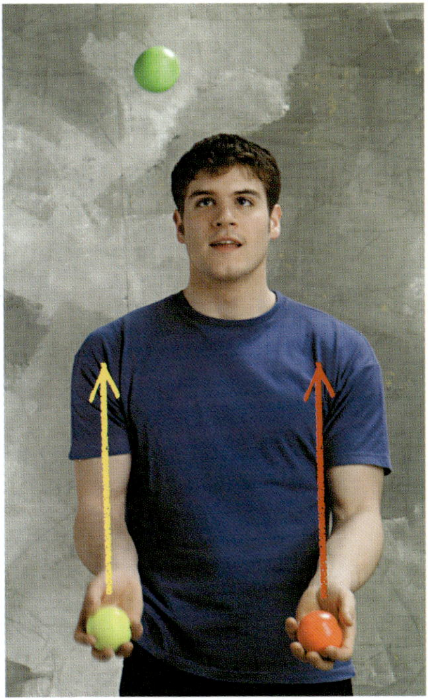

Das Jo-Jo

Wenn Du mit einer Hand Säulen wirfst, kannst Du mit der anderen Hand einen Ball über den Ball halten, den Du am nächsten zur Mittelachse Deines Körpers wirfst (oben). Diese Hand bewegst Du dann gleichzeitig mit dem Ball nach oben und unten. Damit erzeugst Du den Eindruck, dass die Bälle mit einem unsichtbaren Faden verbunden sind.

Phase 3
AUSGEFALLENE TRICKS
Das Greifen

GERADE HAST Du mit Deiner Wurftechnik experimentiert. Versuch jetzt einmal, Deine Fangtechnik zu verändern.

1 Wirf einen Ball mit Deiner schwachen zu Deiner starken Hand, aber fang ihn mit nach unten gerichteter Handfläche (unten und rechts).

2 Jetzt wirfst Du den Ball zurück, indem Du ihn mit der Handfläche nach oben abwirfst.

3 Nimm einen Ball in jede Hand und wirf die Zweiballkaskade, aber greif den Ball mit Deiner starken Hand am höchsten Punkt des Bogens.

4 Beim normalen Jonglieren mit drei Bällen setzt Du den Trick bei einem

Wurf Deiner schwachen Hand ein, greifst den Ball am höchsten Punkt seiner Flugbahn und bringst ihn zurück in die Kaskade.

Versuch es auch mit der anderen Hand, damit Du mit beiden Händen gleich geschickt bist! Dann kannst Du probieren, jeden Wurf mit beiden Händen zu greifen. Dabei musst Du den Ball mit einer schnellen Bewegung der nach unten gerichteten Handfläche weitergeben, wodurch der Ball einen kleinen Dreh erhält.

Vergiss nicht, die Bälle höher als die normale Kaskadenfigur zu werfen.

EXPERTENTIPP

Der Bogen des Balls, der gegriffen wird, sollte höher sein als die normale Kaskade. Dadurch hast Du mehr Zeit, den Ball (am höchsten Punkt seiner Flugbahn) zu greifen, nach unten zu bringen und Deine Hand wieder umzudrehen, um einen normalen Wurf auszuführen.

ACHTUNG

Mit diesem Trick kannst Du jeden ernsthaft beeindrucken!

Der Holzhacker

BEIM HOLZHACKER nehmen wir gleich zwei Bälle, einen in jede Hand.

1 Halte Deine starke Hand so hoch wie die obere Kante der imaginären „Glasscheibe" und wirf den anderen Ball in einem normalen Bogen, aber während der Ball hochfliegt, führst Du Deinen Arm nach unten zur Mittellinie Deines Körpers (unten links). So bewegt sich der Ball außen hinter dem Arm (unten). Diese Bewegung kann zunächst ziemlich langsam ausgeführt werden.

2 Wenn Deine starke Hand die untere Kante der „Glasscheibe" erreicht, wirft sie den Ball mit einem kleinen Hüpfer in Richtung der anderen Hand ab (rechts).

3 Dann kehrt die starke Hand schnell zurück, um den fallenden ersten Ball aufzufangen, der sich noch immer in seiner normalen Flugbahn befindet (oben rechts).

4 Wenn Du mit drei Bällen jonglierst, wirfst Du den Ball mit der schwachen Hand ein wenig höher, fängst ihn mit der starken Hand an der Spitze des Bogens auf und bringst ihn mit gestrecktem Arm herunter in die Mitte der Figur, während der nächste Ball sich wieder außen hinter dem Arm bewegt.

EXPERTENTIPP

Der nächste Wurf mit Deiner schwachen Hand sollte höher als normal sein, um für den kleinen Hüpfer nach dem Holzhackerschlag Zeit zu gewinnen und den höheren Ball aufzufangen.

Mit einiger Übung wird die Abwärtsbewegung des gestreckten Arms schneller werden, wie ein Karateschlag durch die Luft.

Die Dusche

DENK WIEDER an die *Kaskade mit zwei Bällen* zurück. Wir hatten gesagt, dass Du den Ball immer hochwerfen musst und nicht auf dem kurzen Weg von einer in die andere Hand übergeben darfst. Jetzt sollst Du aber genau das tun. Wenn Du das zuvor gemacht hast, war es nicht falsch, nur warst Du noch nicht dafür bereit. Aber jetzt bist Du es!

1 Nimm zwei Bälle, einen in jede Hand, und mach den „Schulhofwurf". Wirf einen Ball mit Deiner starken Hand als *Überwurf* in die Luft und übergib den anderen Ball an die starke Hand. Eigentlich ist es mehr wie ein Schlag des Balls von einer Hand in die andere.

2 Jetzt mit drei Bällen. Nimm zwei in Deine starke Hand und leg los (Seite 42). Sobald Du den ersten Ball geworfen hast, schickst Du den zweiten auf der gleichen senkrechten Bahn hinterher und schlägst den dritten Ball in Deine leere starke Hand (links).

EXPERTENTIPP

Zähl wie immer laut mit, und denk daran, dass die ersten beiden Bälle direkt nacheinander geworfen werden. Es sind immer gleichzeitig zwei Bälle in der Luft! Das ist anstrengender als die normale Kaskade, aber die meisten Jonglieranfänger, die keine Anleitung haben, versuchen es auf diese Weise. Vergiss nicht, es auch in die entgegengesetzte Richtung zu versuchen!

Zwei klassische Dreiballtricks

Die Freiheitsstatue

DER TRICK ist eine Abwandlung des Wasserfalls: Heb Deine schwächere Hand mit gestrecktem Arm nach oben, so wie die berühmte Freiheitsstatue im Hafen von New York. Wirf jetzt einen Ball von Deiner starken Hand zu dieser Hand hoch und fang ihn mit der Handfläche nach oben auf (unten). Die Hand sollte nach innen gekippt sein, um den Ball nach unten rollen zu lassen, sodass die andere Hand ihn in Hüfthöhe wieder fangen kann. Wenn Du mit einem Ball in jeder Hand wirfst (unten), ähnelt das Muster dem Wasserfall mit drei Bällen.

EXPERTENTIPP

Die erhobene Hand sollte sich kaum bewegen.

Über den Kopf

Du nimmst einen Ball in Deine starke Hand und hältst ihn mit der Handfläche nach oben auf Schulterhöhe. Mit zurückgelehntem Kopf wirfst Du den Ball hoch und herüber zur anderen Hand. Die Fanghand muss in der gleichen Position wie die Wurfhand sein. Jetzt kannst Du den Trick mit zwei Bällen und dann mit drei Bällen weiterentwickeln (oben).

EXPERTENTIPP

Wenn die Bälle ständig nach vorn weggehen, hilft es, den Kopf zurückzulehnen.

Spaß mit drei Bällen

Jetzt kannst Du sicher mit drei Bällen jonglieren und sogar schon ein paar Tricks einbauen. Wie wäre es also, Deine Vorstellung gleich auf gloriose Art zu beginnen?

1 Nimm zwei Bälle in Deine starke Hand. Dieses Mal sollen sie nicht voreinander, sondern nebeneinander liegen (unten).
2 Jetzt wirf sie gleichzeitig in die Luft, sodass sie beim Aufsteigen auseinanderfliegen (rechts).
3 Wenn beide Bälle den höchsten Punkt ihres Bogens erreicht haben, wird der dritte Ball in der anderen Hand zwischen ihnen nach oben geworfen (rechts).
4 Wie bei „Einen hoch, zwei hoch" werden die beiden Bälle mit einer Verzögerung aufgefangen (ganz rechts). Dann kommt der dritte Ball in einer Dreiballkaskade hinzu.

EXPERTENTIPP

Wenn Du die beiden Bälle gleichzeitig wirfst, rollst Du sie auf beiden Seiten vom Mittelfinger von der Hand. Dadurch trennen sie sich beim Werfen.

Um diesen Trick dramatischer zu gestalten, kannst Du den ersten Wurf verstecken, indem Du Deinen anderen Arm quer vor den Körper hältst und so die Wurfhand verdeckst (rechts).

Der Nackenstopp

JETZT FEHLT nur noch ein krönender Abschluss für Deine Vorstellung. Der Nackenstopp ist ein verblüffender Trick.

1 Nach einem hohen Wurf (erst einmal nicht zu hoch) beugst Du Deinen Oberkörper nach vorn.

2 Deine Hände, die jeweils einen Ball halten, streckst Du zur Seite aus (unten). Den Kopf hältst Du nach oben gerichtet.

3 Der Ball fällt dann genau in die Mulde, die von Deinem Kopf und den Schulterblättern gebildet wird, und bleibt genau in der richtigen Position liegen (rechts).

EXPERTENTIPP

Wirf den Ball senkrecht und nicht hinter Dich. Deinen Kopf neigst Du dann nach vorn, um den Ball aufzufangen.

Von hieraus kannst Du zurück in die Dreiballkaskade gehen, wenn Du den Kopf etwas nach unten senkst und ganz schnell nach hinten stößt, wodurch der Ball hoch und zurück in die Figur springt.

Körpereinsatz

PROBIER AUCH diesen Trick zuerst nur mit einem Ball. Das Dotzen (so nennt man die Technik, bei der ein Ball von einem Körperteil wieder in die Jonglage zurückspringt), sieht imposant aus und macht Spaß. Am einfachsten lässt sich der Ball vom Knie abprallen. Dazu wirfst Du einen normalen Bogen, bringst Dein Knie nach oben und lässt den Ball zurück in die Ausgangshand springen (rechts). Mit etwas Übung kannst Du das auch mit anderen Körperteilen machen (unten). Mein Lieblingstrick: Nimm nach einem hohen Wurf den Saum Deines T-Shirts in beide Hände und lass den Ball wie auf einem Trampolin von dort zurück in die Figur springen.

Phase 4

ES GIBT NOCH MEHR ALS DREI BÄLLE

Und noch einen Ball mehr ...

MEINER ANSICHT nach wird das Jonglieren mit einer großen Anzahl von Objekten überbewertet. Das liegt wohl daran, dass ich es nicht kann! Der Weltrekord liegt bei elf Bällen. Ich bin immer noch bei fünf.

Vier Bälle

Beim Jonglieren von zwei Bällen in einer Hand hast Du gelernt, mit der linken Hand entgegen dem Uhrzeigersinn und mit der rechten im Uhrzeigersinn zu werfen (siehe Seiten 34–35). Um den vierten Ball zu jonglieren, wirfst Du einfach zwei Bälle mit beiden Händen (Seite 53, oben links)! Überkreuzen sich die Bälle nicht? Nein, beide Seiten bleiben in ihrer eigenen Hälfte der „Glasscheibe".

EXPERTENTIPP

Zuerst solltest Du mit zwei Bällen in Deiner schwachen Hand sicher jonglieren können. Wenn sich die Bälle überkreuzen, dann halte Deine Hände beim Jonglieren mal links und rechts von einer offenen Tür. Schräge Bälle stoßen gegen die Tür und gehen zurück in die Figur.

Die Bälle können simultan oder zeitversetzt geworfen werden. Sie können Säulen oder Kreisfiguren beschreiben. Es gibt vier Möglichkeiten, vier Bälle zu jonglieren!

Fünf Bälle

1 Nimm fünf Bälle, die gleich groß und gleich schwer sind.

2 Leg drei in Deine stärkere Hand und zwei in die andere.

3 Die Bälle werden wie bei einer Kaskade gekreuzt, nur ein wenig höher. Zähl laut mit und bleib im Jonglierraum. Wirf die Bälle einmal, ohne sie zu fangen. Sie sollten auf dem Boden in zwei hübschen Gruppen von drei und zwei landen.

EXPERTENTIPP

Stell Dich beim Üben vor ein Bett, damit Du Deinen Rücken schonst. Es werden viel mehr Bälle herunterfallen als sonst. Deine Muskeln werden sich so entwickeln, dass Du den Rhythmus beibehalten und die gleichmäßigen Würfe ausführen kannst.

Jonglieren mit Keulen

BESTIMMT HAST Du schon Artisten mit Keulen jonglieren sehen. Keulen werden oft in Shows, Wettbewerben und auf Jongliertreffen verwendet. Das kommt daher, dass das Jonglieren mit Keulen so beeindruckend aussieht. Leider musst Du dafür das Jonglieren noch einmal von vorn lernen. Das glaubst Du nicht? Dann wirf mal zwei Keulen und versuch, sie zu fangen. Autsch!

Wir müssen jetzt lernen, wie man Gegenstände dreht. Eine Keule ist ein cleveres Ding. Die unteren zwei Drittel sind größer. Dort befindet sich ihr Schwerpunkt, um den sie sich beim Fliegen dreht. Deshalb hat sie eine andere Flugbahn als ein Ball und muss immer eine bestimmte Anzahl von Drehungen ausführen, damit Du sie wieder fangen kannst.

Halte die Keule zuerst in Deiner starken Hand (unten links) nahe am Ende, nicht direkt am Griffknopf. Wirf sie jetzt mit kleinen Drehbewe-

gungen und fang sie mit der gleichen Hand, um ein Gefühl für ihre Bewegung zu bekommen (unten rechts, Seite 54). Bauchige Keulen drehen sich langsamer.

Sieh Dir Deine Hand an: Handfläche nach oben, Daumen im rechten Winkel zum Zeigefinger. Die Keule muss quer auf der Handfläche aufkommen, sodass sich die Finger um den Griff schließen können. Ich weiß, das ist Dir schon klar.

Es geht mir darum, den Unterschied zum Jonglieren mit Bällen aufzuzeigen. Wenn Du die Keule in die andere Hand wirfst, hältst Du sie wie Deinen Arm etwas schräg vom Körper weg. Die Handflächen zeigen nach oben, und die Ellbogen sind an der Seite in einer lockeren Jonglierhaltung. Dann ziehst Du die Keule beim Werfen nach unten und wirfst sie vor Deinem unteren Oberkörper entlang (unten links). So landet sie in der wartenden Hand (unten rechts).

Jonglieren mit Keulen

BEIM NÄCHSTEN Schritt hast Du die Wahl. Manche schlagen vor, zwei Keulen zu nehmen und die Regeln wie bei zwei Bällen zu befolgen. Ich empfehle, dass Du zunächst eine Keule und einen Ball nimmst (unten). Wenn Du darin geübt bist, kannst Du entweder die zweite Keule oder den zweiten Ball (unten) dazunehmen. Wenn Du Dich für die Ballmethode entscheidest (kleines Bild auf der rechten Seite), kannst Du die Bälle nach einiger Übung durch je eine Keule ersetzen (rechts).

EXPERTENTIPP

Wenn Du die Keule im gleichen Bogen wie einen Ball wirfst, musst Du Deine Hand wahrscheinlich um 90 Grad drehen, um sie aufzufangen. Das ist nicht immer effizient!

Jonglieren mit Ringen

DAS JONGLIEREN mit Ringen sieht ausgesprochen gut aus. Manche Jongleure benutzen Ringe gern, um mit einer möglichst großen Anzahl von Objekten zu jonglieren, und sie haben ihre eigenen Tricks.

Ringe erfordern wie Keulen eine andere Fang- und Wurftechnik: Nimm den Ring mit dem Daumen nach oben in die Hand (unten). Wenn Du ihn wirfst, ziehst Du die Hand herunter und wirfst den Ring mit der Handfläche nach oben ab. Fang ihn, indem Du Deine Handfläche nach oben hältst, wobei Daumen und Zeigefinger zu Dir zeigen (unten). Dann führst Du die gleiche Folge aus, die Du für das Jonglieren mit Keulen gelernt hast (rechts).

EXPERTENTIPP

Damit die Ringe nicht zusammenstoßen, dürfen sie sich im Flug nicht wenden oder wackeln. Hier ist ein guter Wurf mit leichter Drehung gefragt.

Wie man mit allem Möglichen jongliert

WENN DU die drei Jonglierarten beherrschst (Bälle, Keulen und Ringe), kannst Du mit allem Möglichen jonglieren. Du musst nur herausfinden, welche der drei Techniken sich für den entsprechenden Gegenstand am besten eignet. Es ist hilfreich, sich an das Jonglieren mit Dingen zu gewöhnen, die unterschiedlich schwer sind. Wenn Du gleichzeitig mit Keulen und Bällen geübt hast, bist Du schon auf dem besten Weg. Hier mache ich ein paar Vorschläge. Die Form der Gegenstände bestimmt, welche Technik man einsetzt.

Obst und Gemüse: Eine Gurke oder eine Banane ist eine Keule, beinahe alles andere ist ein Ball. **Geschirr:** Dinge mit Henkeln sind Keulen, Teller sind Ringe. Spezielle Jongliermesser haben abgerundete

Spitzen. Deshalb ist es garantiert keine gute Idee, es mit dem normalen Küchenmesser zu versuchen. Ein Fehler würde sehr wehtun.

Tennisschläger, Gitarren, Regenschirme und andere länglich geformte Dinge sind Keulen. Als wir uns mit Keulen beschäftigt haben, besprachen wir bereits den Schwerpunkt (siehe Seiten 54–55). Gegenstände, deren Schwerpunkt in den unteren zwei Dritteln liegt, lassen sich am besten jonglieren.

Schals: Das Jonglieren mit Seidenschals sieht sehr elegant aus. Man behandelt sie wie Bälle (aber sie werden höher geworfen, weil sie länger in der Luft bleiben). Du kannst sie nicht wie gewohnt fangen, sondern musst sie greifen.

Frisbees, Reifen, Räder: natürlich Ringe.

Dieses Buch: Das ist doch ein Ring, oder? Man kann die Buchdeckel mit Tesafilm verbinden, damit sie nicht auseinanderklappen. Los geht's!

Leg das Buch beiseite!

JETZT HAST Du dieses Buch durchgearbeitet, aber es gibt noch viel mehr, was Du über das Jonglieren lernen kannst, und viele Möglichkeiten, mehr darüber herauszufinden. Die beste Informationsquelle sind andere Jongleure. In vielen Städten treffen sich Jongleure in Workshops, um Tricks und Ideen auszutauschen. Informationen dazu findet man oft in Schulen und Universitäten.

Wenn es in Deiner Stadt noch keinen Workshop oder Klub gibt, dann gründe zusammen mit ein paar Freunden doch selbst einen!

Jedes Jahr gibt es Jongliertreffen in ganz Europa und den USA, darunter große nationale und internationale Veranstaltungen, wo Hunderte oder sogar Tausende von Jongleuren zusammenkommen, um Spaß zu haben und vielleicht auch ein paar Dinge in die Luft zu werfen. Bestimmt finden auch in Deiner Nähe solche Treffen statt.

Auf der Website des Informationsservice für Jongleure www.juggling.org findest Du Mitteilungen über solche Veranstaltungen sowie interessante Links und Adressen, um andere Jongleure online zu treffen. Dies ist zwar eine amerikanische Website, sie gibt jedoch Informationen zur Jonglierszene weltweit.

Deutschsprachige Websites mit Hinweisen auf weitere Links und Events findest Du unter www.jonglieren.at (Österreich) sowie unter www.jonglieren.de oder www.jonglieren-hamburg.de

Was Jongleure gern gemeinsam tun, ist das so genannte Passen mit Keulen: Zwei oder mehr Jongleure führen eine Figur gemeinsam aus. Das ist ein so weites Feld, dass ich es in diesem Buch nicht vorstellen kann, aber zusammen mit ein paar Freunden wirst Du es schnell lernen. Im Internet tauschen viele Jongleure ihre Ideen über neue Figuren in einem speziellen Zeichensystem aus, das „Siteswap" genannt wird. Dabei wird jeder Wurf durch eine Zahl beschrieben, die der Anzahl der jonglierten Bälle entspricht. So ist die Dreiballkaskade „333", „0" bedeutet, einen Ball nicht zu werfen. Online wirst Du ausführliche Erklärungen dazu finden.

Dieses Buch ist erst der Anfang. Die Welt des Jonglierens ist riesig groß. Leg das Buch beiseite und entdecke sie!

Weiterlernen

WENN DIESES kleine Buch Dir Lust auf mehr gemacht hat, kannst Du in Jonglierzeitschriften mehr Tricks finden, als Du Dir träumen lässt.

„Kaskade“ ist eine europäische Zeitschrift für Jongleure. Darin findest Du gute Tricks und Informationen zu Veranstaltungen in Europa.

Kaskade erscheint in Deutsch und Englisch. Die Adresse des Verlages ist:
Schönbergstr. 92
D-65199 Wiesbaden

Tel. +49 (0) 611-946-5142
Fax +49 (0) 611-946-5143
kaskade@compuserve.com